LIDERAZGO
INTELIGENTE

JA PÉREZ

Liderazgo Inteligente

Keen Sight Books

Puede encontrarnos en la red en: www.KeenSightBooks.com
Reportar errores de imprenta a errata@keensightbooks.com

ISBN: 978-1-947193-02-4

Printed in the U.S.A.

este manual es dedicado a todos los
líderes que laboran con nosotros
en nuestra querida América

Contentido

Esta literatura

Esta serie intenta comunicar al alumnado, doce columnas básicas elementales, necesarias para establecer los fundamentos sólidos sobre los cuales reposa el liderazgo sano.

No son éstos los únicos principios o conceptos que regulan la formación de un líder, sin embargo, estas doce áreas cubiertas en el libro, establecerán una buena base sobre la cual edificar.

Misión de la *Escuela de Liderazgo Internacional*

Levantar, equipar y enviar líderes de estatura, probados y consagrados, con visión global —listos para sentarse a la mesa con aquellos que moldean culturas, influyen decisiones y diseñan las ideas que dirigen el curso de vida en sus respectivos países.

¿Cómo lo hacemos?

A éstos procuramos proporcionar principios culturalmente sensitivos en un contexto internacional y ésto en sesiones exclusivas —todo en un marco de tiempo que líderes realmente ocupados pueden manejar.

Impacto a largo plazo

Líderes se han de formar con una mentalidad de impacto a largo plazo. Asegurando que la experiencia adquirida por los mismos se transmita de manera exponencial, a medida que se comprometen a influir a otros líderes y comunidades.

1

Liderazgo inteligente
Capitalizando en tus áreas fuertes delegando en tus áreas débiles

El 1% más importante... inspiración

Es muy probable que hayas oído el dicho:

> *El genio es un uno por ciento de inspiración y un noventa y nueve por ciento de transpiración.* —Thomas Edison

Estamos convencidos que sin trabajo, no es posible completar el proyecto. Jamás he visto a alguien que despliegue una idea y automáticamente se convierta en producto acabado. Aun cuando poseas un magnífico equipo que trabaje duro en implementar tus ideas, tendrás que dedicar energía y enfoque, sea en el área de dirigir, en el área creativa o en el área de desarrollo.

Siempre hay que trabajar. Los sueños sin aplicación pronto se olvidan... jamás bajan de la nube.

Sin embargo, de nada sirve trabajar arduamente en algo si primero no hubo una clara visión de lo que se quiere completar. Es como dar vueltas en círculo, sin un clara definición de rumbo.

Todo proyecto, ministerio, organización, necesita una visión clara que establezca ¿qué es exactamente lo que se quiere completar? Por eso es que no se puede emprender nada sin que primero haya habido una inspiración, y ese es el trabajo de un líder.

2

Un líder inspira

Inspira a su equipo de colaboradores, y traza el rumbo de la labor con direcciones claras.

Buenos líderes diseñan las ideas y las comunican eficientemente de tal manera que los que le siguen se sientan motivados, inspirados a trabajar consistentemente hasta que se complete lo propuesto. Entonces, inspiración es transferible.

Es por eso que yo digo que si inspiración es solamente uno por ciento, ese es el uno por ciento más importante.

Con ese uno por ciento claro, el otro noventa y nueve por ciento es realizable.

Es una manera inteligente de desarrollar la tarea de ser líder cuando prestamos atención a aquello que pertenece al terreno de la creatividad. Debemos prestar atención y dar importancia al área creativa del liderazgo.

Otra manera inteligente de desarrollar el liderazgo es aprendiendo a capitalizar en nuestras áreas fuertes y a delegar aquellas áreas donde sabemos que otros la pueden realizar mejor que nosotros.

Un buen líder, estudia las habilidades de aquellos que son parte de su equipo y no tiene miedo que otros le opaquen en ciertas áreas de trabajo.

De hecho. La madurez de un líder en gran parte se puede medir por su habilidad de permitir que otros se desarrollen, y que estos brillen en sus áreas competentes.

Veámos cómo identificar habilidades y capitalizar en ello.

3

Habilidades innatas
y habilidades formadas

Aquellas cosas que traes desde que naciste. Talentos naturales que han estado contigo desde que tienes razón o memoria. ¿Cuales son? ¿Puedes nombrarlos?

Para ser un líder efectivo es necesario que estés consciente de cuales son tus habilidades.

Hay personas que tienen gran talento artístico y se dan cuenta de ello desde que son muy pequeños. Recuerdo un primo mío que desde pequeño tenía gran habilidad para dibujar, especialmente caricaturas. Nadie lo enseñó. No tomó clases ni entrenamiento. Era una habilidad cien por ciento natural.

También recuerdo un amigo mío que era muy bueno para las matemáticas. En todo lo que fuera números, él era el mejor. Todos los niños en la clase se le acercaban cuando tenían dudas, y él siempre tenía respuestas correctas. Ese era un talento natural.

Para mi amigo, estudiar una carrera que tuviera que ver con contabilidad, economía, administración de empresa, hubiera sido algo natural.

4

Dones naturales

Todos tenemos algo cuando nacemos, pero no todos tenemos el mismo don. De hecho, aun dentro de la iglesias, no todos tenemos los mismos dones espirituales.

Ahora bien, hay diversidad de dones, pero el Espíritu es el mismo. Y hay diversidad de ministerios, pero el Señor es el mismo. Y hay diversidad de operaciones, pero Dios, que hace todas las cosas en todos, es el mismo. 1 Cor 12:4-6

Entonces, es importante saber cuales son aquellos dones que Dios nos ha dado.

¿Alguna vez te has encontrado a alguien que quiere cantar y que definitivamente no tiene don, voz, afinación?

Aun peor, cuando nadie se atreve a decirle porque no quieren lastimar sus sentimientos. Que difícil situación. Sería más fácil si dicha persona se diera cuenta de cuáles son sus dones en lugar de que continúe queriendo ser cantante.

En el liderazgo es importante saber cuales son nuestros dones. Cuales son nuestras habilidades innatas y capitalizar sobre estas ventajas.

5

Habilidades adquiridas

¿Y qué de las habilidades adquiridas?

Primero debo decir que aun cuando poseen habilidades innatas, es necesario afilarlas, perfeccionar la manera en que las usamos.

Por ejemplo. Hay personas a quienes se les hace fácil hablar en público. Algunos son oradores naturales. Eso es un don. Sin embargo, eso no los convierte automáticamente en predicadores efectivos. Hablar no significa nada si el tema no tiene contenido. Necesitan estudiar, prepararse en la materia que van a exponer. Los mensajes necesitan entregarse ordenadamente, de una manera entendible y que sea posible procesar.

Entonces, uno puede edificar sobre el don que ya Dios nos dió.

Luego, hay habilidades que no requieren necesariamente un acentuado talento natural. Por eso existen escuelas que enseñan oficios.

Sin embargo, es importante que la persona que estudia un oficio tenga inclinación por el mismo.

Entonces regresamos al principio. ¿Cual es tu don? ¿Cuales son tus habilidades naturales?

¿Qué es aquello por lo que sientes pasión hacer?

6

¿Cuál es tu pasión?

Hay personas a quienes simplemente les gusta ayudar a otros. Yo creo que eso es una vocación. Pero hay muchos otros llamados, vocaciones e intereses que nacen dentro de la persona, y debemos prestar atención a éstos.

Ahora que sé

Una vez que sabes cuales son tus talentos naturales, entonces adapta tu estilo de liderazgo de acuerdo a tus fuertes.

Invierte más tiempo en aquello que puedes hacer mejor, delega las otras cosas a aquellos alrededor tuyo conforme a sus dones y habilidades.

Mi trabajo consiste en descubrir el talento de otros y luego trabajar para ayudarlos a madurar ese talento.

Delega conforme a talentos

Deja que tu equipo maneje cosas importantes, pero delega todo conforme al talento natural.

En nuestro equipo tenemos personas que tienen pasión por hacer video, otros tienen pasión por enseñar, otros son organizadores, en fin, gracias a Dios estamos rodeados de una variedad de talentos.

Así es que podemos hacer proyectos complicados. Dios nos da la gracia para servir inteligentemente.

Adquirir sabiduría, cuánto mejor que el oro, y adquirir inteligencia es preferible a la plata. Proverbios 16:16 (LBLA)

Plan de Trabajo

Medite en lo leído y use los espacios debajo para completar su tarea.

Si usted ha usado la versión digital de este material y lo ha tomado como curso, puede someter las respuestas electrónicamente para calificación a la siguiente dirección:

eli@japerez.com

Incluya en su correspondencia:

1- Título de este manual

2- Su nombre y apellidos completos

Alternativamente lo puede enviar por correo tradicional a:

Escuela de Liderazgo Internacional

P.O. Box 211325

Chula Vista, CA 91921 U.S.A.

¿ Cuál es el 1% más importante?

¿Cómo un buen líder inspira a otros?

Un buen líder estudia las habilidades ¿de quién?

¿Cuál es la diferencia entre habilidades innatas y habilidades formadas?

Un buen líder delega todo conforme a...

Principios aprendidos en este manual:

_____
_____
_____
_____
_____
_____
_____
_____

Textos o frases a memorizar:

_____
_____
_____
_____
_____
_____
_____
_____
_____
_____
_____
_____
_____

Ajustes que debo hacer a mi manera de pensar:

_____

_____

_____

_____

_____

_____

_____

_____

¿Cuáles son mis talentos naturales y cuál es mi pasión?

_____

_____

_____

_____

_____

_____

_____

_____

_____

_____

Otras notas.

Formando líderes con mente de reino

Con más de treinta y cinco años de ministerio, y una reconocida trayectoria internacional, que incluye estrechas relaciones con economistas, dignatarios y aquellos que moldean las culturas presentes en las naciones, el autor ha mostrado ser una autoridad en la materia de formar líderes.

Escritor, humanitario, moldeador de culturas y precursor de movimientos de cosecha en América Latina. Su mensaje atraviesa generaciones, culturas y naciones. Ha escrito varios libros y asiste a intelectuales, así como a iletrados, en la adquisición de destrezas esenciales y soluciones pragmáticas para comunicar esperanza con valentía en entornos complejos, y a veces hostiles.

Sus concentraciones masivas y misiones humanitarias han atraído grandes multitudes durante años guiando a miles a una relación personal con Jesucristo.

Él, su esposa y sus tres hijos, viven en un suburbio de San Diego en California, desde donde se coordinan todos los eventos de la asociación que lleva su nombre.

Trabajo de JA Pérez con líderes de Latinoamérica

Cuando una ciudad o provincia es impactada, con frecuencia gobernantes y líderes nacionales —senadores y congresistas— asisten al evento y reconocen el movimiento, pero los frutos mayores del proyecto completo son las miles de vidas que son transformadas por el poder del evangelio. Ese es el principal propósito de todo — comunicar las buenas noticias de Cristo.

Líderes con visión global
Los líderes que equipamos en las Américas, son quienes sostienen y dan seguimiento a movimientos de cosecha cada vez que concluye un proyecto a nivel ciudad. Ya equipados para comunicar el evangelio de una manera relevante y culturalmente sensitiva, estos corren con la comisión de hacer discípulos en cada generación y grupo étnico en todas las esquinas del continente.

Otros libros por JA Pérez

JA Pérez ha escrito más de 50 libros y manuales de entrenamiento. Todos sus libros están disponibles en Amazon.com así como en librerías y tiendas mundialmente. Libros con temas para la familia, empresa, liderazgo, economía, profecía bíblica, devocionales, inspiracionales, evangelismo y teología.

Serie Líderes

Esta serie está compuesta por doce manuales, con ejercicios y espacios para notas y tareas, de manera que el alumnado pueda recordar y poner en práctica cada uno de los principios aprendidos.

Los principios comprendidos en estos doce manuales también se encuentran en el libro *12 Fundamentos de Liderazgo* para ser usado en lectura regular.

LIDERAZGO
IRREVOCABLE

JA PÉREZ

LIDERAZGO
INTELIGENTE

JA PÉREZ

LIDERAZGO
y CONSORCIOS

JA PÉREZ

LIDERAZGO
y GOBIERNOS

JA PÉREZ

LIDERAZGO
PRODUCTIVO

JA PÉREZ

LIDERAZGO
y CAPITAL INFLUYENTE

JA PÉREZ

LIDERAZGO
INSPIRACIONAL

JA PÉREZ

LIDERAZGO
TRANSPARENTE

JA PÉREZ

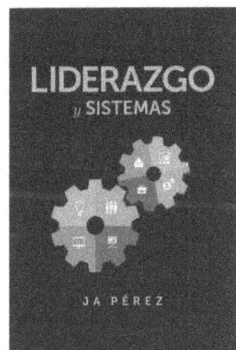

LIDERAZGO
y SISTEMAS

JA PÉREZ

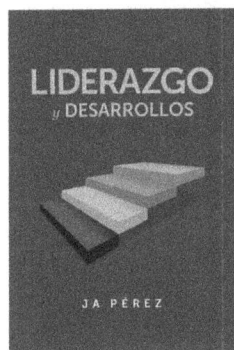

LIDERAZGO
y DESARROLLOS

JA PÉREZ

LIDERAZGO
INVISIBLE

JA PÉREZ

LIDERAZGO
y LEGADO

JA PÉREZ

Series Conferencias

Discipulado para Nuevos Creyentes y Estudios de Grupos

Liderazgo, Gobierno y Diplomacia

Inspiración y Creatividad en Liderazgo

Temas Varios

Crecimiento Espiritual, Principios de Vida y Relaciones — Recientes

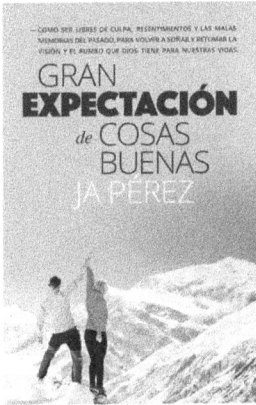

GRAN **EXPECTACIÓN** de COSAS BUENAS
JA PÉREZ

FELIZ
JA PÉREZ
LIBRO INTERACTIVO

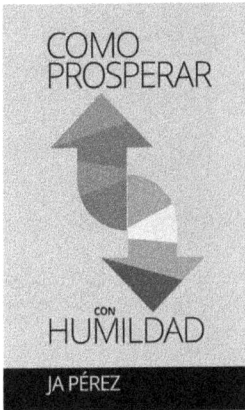

COMO PROSPERAR CON HUMILDAD
JA PÉREZ

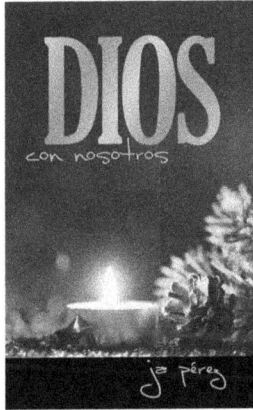

DIOS con nosotros
j³ pérez

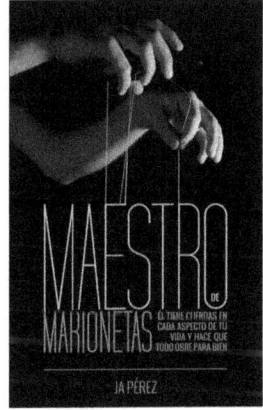

MAESTRO DE MARIONETAS
JA PÉREZ

Profecía Bíblica

Teología

40 PROFECÍAS CUMPLIDAS
J.A.PÉREZ

EL FIN
ESTADO PROFÉTICO DE LAS NACIONES
J.A.PÉREZ

GRACIA SOBERANA
SU SACRIFICIO fue SUFICIENTE
JA PÉREZ

Evangelismo y Colaboración

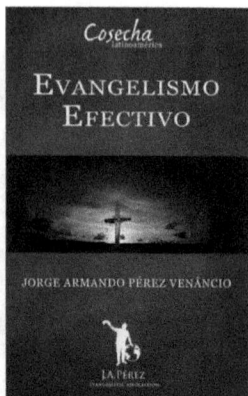

AHORA
que estoy en
CRISTO

JA PÉREZ

COMO
COMPARTIR
LAS
BUENAS
NOTICIAS

JA PÉREZ

Cosecha
latinoamericana
EVANGELISMO
EFECTIVO

JORGE ARMANDO PÉREZ VENÁNCIO

JA PÉREZ

JUNTOS
XEL
CONTINENTE

JA PÉREZ

JUNTOS
XEL
CONTINENTE
VERSIÓN: PASTORES

JA PÉREZ

Festivales y
Concentraciones

Juntos En la Jornada

Festivales y
Concentraciones

Juntos En la Cosecha

JUNTOS

Festivales y
Concentraciones

Juntos Concejo
Internacional

Devocionales

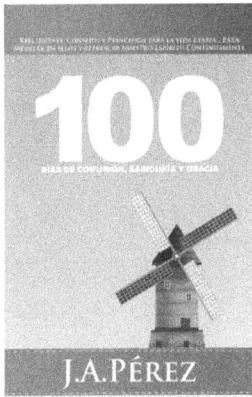

Ficción, Historietas

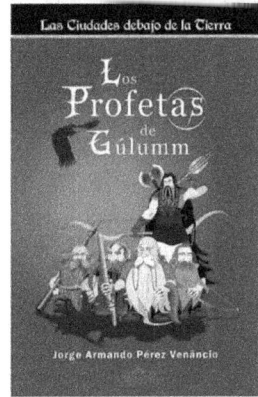

Las Ciudades debajo de la Tierra

Los Profetas de Gúlumm

Jorge Armando Pérez Venáncio

100

DÍAS de MILAGROS

JA PÉREZ

J.A. PÉREZ

Crecimiento Espiritual, Principios de Vida y Relaciones — Clásicos

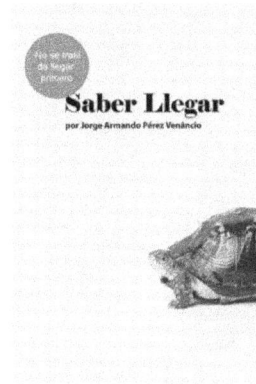

LA CIENCIA DEL POBRE

Jorge Armando Pérez VENANCIO

LAS REGLAS QUE REGULAN LA ABUNDANCIA

JORGE ARMANDO PÉREZ VENANCIO

Jorge Armando Pérez Venáncio

Lecciones de un viejo PROFETA mentiroso

EL FIN de TODA JACTANCIA

EXALTANDO LA COMPLETA OBRA DE JESUCRISTO

Las Suegras

7

Jorge Armando Pérez Venáncio

Saber Llegar
por Jorge Armando Pérez Venáncio

English

Evangelism and Collaboration

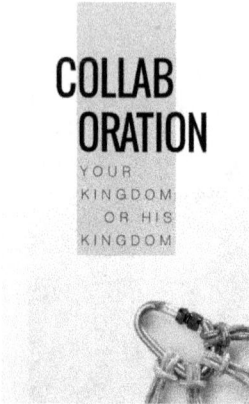

NOW
THE URGENCY AND THE KEY
TO REACH THIS GENERATION
WITH THE MESSAGE OF CHRIST

COLLAB ORATION
YOUR KINGDOM OR HIS KINGDOM

COLLABORATION 101 for EVANGELISTS

COLLABORATION 101 for CHURCHES

9 BASIC PRINCIPLES of COLLABORATION for EVANGELISTS

JA PÉREZ

Festivals and Celebrations
Together | Collaborate

Festivals and Celebrations
Together | International Council

Contacte /siga al autor

Blog personal y redes sociales

japerez.com

@japereznow

facebook.com/japereznow

Asociación JA Pérez

japerez.org

Keen Sight Books

www.ingramcontent.com/pod-product-compliance
Lightning Source LLC
Chambersburg PA
CBHW071940020426
42331CB00010B/2946